Primera edición: marzo de 2015

© Catalina Magallanes

© Asociación Iberoamericana para la Integración Social (INTEGRA)
Barcelona, España.
www.asointegra.org
info@asointegra.org
ISBN: 978-1511489140

Diseño cubierta: Click Pc C.A.
Maquetación: Click Pc C.A.

EL INTERES SUPERIOR DEL NIÑO EN ESPAÑA ANTE LA PRESENCIA DE LA EXTRAJERIA.

Catalina Magallanes

Un niño es una estrella a
lo lejos del camino, una
palabra breve que tiene
un eco infinito.

Asociación Iberoamericana para la Integración Social
INTEGRA

INDICE

EL INTERES SUPERIOR DEL NIÑO EN ESPAÑA ANTE LA PRESENCIA DE LA EXTRANJERIA

Pág.

PRIMER TEMA

1. Convención Internacional sobre los Derecho del Niño....................................9-10

    1.1.   El interés superior del niño.
           1.1.a. Principio Jurídico Garantista de los Derechos Humanos.

    1.2. Formalización Universal del Derecho del Niño.

SEGUNDO TEMA

2. Evolución del niño como sujeto de derecho.......................................11-12

    2.1. Grecia
    2.2. Roma
    2.3. Siglo XVII-XIX

TERCER TEMA

3. Cronología de protección legal del menor entre Europa y Latinoamerica....13-19

    3.1. Europa
           3.1.a. Código Napoleónico
           3.1.b. Francia
           3.1.c. España
           3.1.d. Constitución Española

    3.2. Latinoamérica
           3.2.a. Argentina
           3.2.b. Brasil
           3.2.c. Uruguay

CUARTO TEMA

4. El menor en España ante la presencia de la Extranjería...............................21-45

4.1. El interés superior del niño Español vinculado con progenitores extranjeros comunitarios

4.2. Niños españoles hijos de extranjeros no comunitarios.

   Albeiro
   Christel
   Nora
   Laura

4.3. El niño extranjero extracomunitario con padres españoles

   Caso Sthepanie

Legislación y biografía citada...47

1. CONVENCIÓN INTERNACIONAL SOBRE LOS DERECHOS DEL NIÑO.

La Convención fue aprobada en 1989 y entro en vigor en 1990, actualmente fue ratificada por 192 estados de los 195 pertenecientes a Naciones Unidas entre los cuales Estados Unidos, Somalia y Sudan del Sur no son signatarios.

Desde entonces todos los estados partes están obligados a promover y garantizar la efectividad de los derechos del niño.

1.1. Interés Superior del Niño.

"Establecido como principio y límite que guía la actuación de las autoridades públicas y privadas."

Incorporado al ordenamiento interno de cada país signatario, como principio rector, al alinear su legislación nacional al fin perseguido por la Convención internacional Sobre los Derechos del Niño.

Se formaliza y pasa a ser una obligación de los estados, el establecer la plena satisfacción de los derechos del niño cuyo contenido son los derechos reconocidos previamente como tales y forman un conjunto integrado que asegura el bienestar y buen desarrollo del menor en sociedad, partiendo del reconocimiento al niño como persona.

1.1.a. *Principio jurídico garantista de los derechos humanos:* es un principio estructurante, ya que determina el modo de actuar a los poderes públicos y privados, limitando y obligando en su actuar ante decisiones que afectan a la vida del menor, ya sean los tribunales, órganos de bienestar social, autoridades administrativas u órganos legislativos. Establecido como un sistema que permite reconocer otros derechos previamente reconocidos.

Se establece la **obligación** a los estados partes de crear condiciones que garanticen la efectividad de sus derechos, la protección de su integridad y buen desarrollo integral como persona.

1.2. Formalización Universal del Derecho del Niño

La Convención reconoce de forma universal al niño como persona, otorgándoles sus derechos como una consecuencia de su condición de persona y formaliza su condición de sujeto de derecho.

2. EVOLUCIÓN DEL NIÑO COMO SUJETO DE DERECHO.

2.1. Grecia.

Antiguamente la sociedad no reconocía derecho alguno al menor, estos eran sometidos a la voluntad de los mayores, el niño era una cosa del estado.

En Esparta el niño era una cosa de la república, nacía y dejaba de pertenecer a sus padres pasando a ser propiedad del estado, los progenitores debían presentarlo al lugar de reunión de los ancianos y si lo encontraban perfecto lo enviaban a alimentar, en caso contrario ante cualquier indicio de debilidad o enfermedad lo enviaban a tirar a un estanque llamado los "apostetes", esto bajo la consideración de que no sería útil ni para el niño ni para la república que viviera.

2.2. Roma.

Aquí el niño es una cosa del padre de familia "paterfamilia" quien poseía un poder absoluto e ilimitado sobre el menor, ante el umbral de la casa la ley se detiene y dentro de esta poseía poder absoluto el paterfamilia quien es rey en su casa. El padre poseía sobre su hijo el poder sobre su vida y muerte, poder que se extinguía con la muerte de su padre.

La legislación romana refleja una enorme crueldad con la infancia, esta actitud se ve reflejada en la Ley 8ª, titulo 17, de Partida IV que faculta al padre a vender y empeñar a su hijo.

2.3. Siglos XVII-XIX.

A principios del siglo XVII los derechos del menor retroceden respecto a la educación y protección de los huérfanos.

En tiempos de Felipe IV ordena que reciban educación gramática, que se les dé un oficio y los hombres serían enviados al ejército donde necesitaban hombres, disposición que limita sus derechos a integrarse socialmente y elegir su profesión.

Durante el siglo XVIII en su segunda mitad surge la educación en los hospicios, brindando educación primaria, religiosa y profesional, las niñas podían acceder a la escritura y aprender el oficio de la casa.

Con Carlos IV mejoraron las condiciones con el Real Decreto de 1794 los niños huérfanos "Expósitos" se los consideraba legítimos para todos los oficios civiles.

En el siglo XIX denota un gran avance en cuanto a la educación que se intenta brindar a todas las clases sociales. Se establece la enseñanza primaria universal, gratuita y obligatoria.

A partir de este siglo nacen las grandes preocupaciones y ocupaciones sobre los derechos de los menores y los tratados internacionales, propagándose a través del mundo y se consolida universalmente con la Convención Internacional Sobre los Derechos del Niño 1989/90.

3. CRONOLOGÍA DE PROTECCIÓN LEGAL DEL MENOR ENTRE EUROPA Y LATINOAMÉRICA.

3.1. Europa

3.1.a. *Código Napoleónico.*

En el código de 1804, el niño y la mujer eran propiedad del hombre de familia, establecía que la mujer debe obediencia al hombre. Esta determinación fue de gran influencia en la legislación de América como en Europa.

3.1.b. *Francia.*

Filosofía traspasada al Código Francés de 1938 en su artículo 213 estableciendo que la mujer debe obediencia al hombre y el mismo tratamiento se le daba al hijo.

Estos estados consideraban a la mujer y el niño como un asunto privado que debía resolverse dentro de la casa hasta que iniciaron sus primeras intervenciones por parte del estado en relación al menor y se le otorga el carácter de sujeto de derechos ya en el siglo XIX.

3.1.c. *España.*

España posee sus primeras normas reguladoras de la infancia en los Fueros Juzgos formados por una colección de leyes promulgadas en tiempos de los Godos e Hispano-romanos, originariamente escrito en Latin "Liber Iudiciorum", traducida al romance por orden de Fernando III.

El Fuero Justo ya regulaba la mayoría de edad, y su capacidad para contratar los mayores de 14 años, prohibía a los padres su venta y matarlos.

Esta normativa es borrada con la invasión Árabe y la ruina de los visigóticos.

Posteriormente surgen los códigos municipales con resquicios de la normativa anterior, que regulan la patria potestad que corresponde a ambos padres y la emancipación tenia de origen el matrimonio, el padre solo podía castigar al hijo moderadamente y solo podían contratar los mayores de catorce años.

Con la Reconquista avanzada la nobleza con un conjunto de Leyes donde se recogen los privilegios que retroceden estableciendo que la madre posee la tutela pero no la patria potestad.

La mayoría de edad se adquiría a los 16 años con el fin de la tutela y los menores ya podían arrendar y vender siempre que justifique la necesidad urgente y podían realizar testamento.

3.1.d. *La Constitución Española de 1978.*

Establece en su artículo 39 la obligación de los poderes públicos de crear las condiciones para garantizar la efectividad de los derechos del menor en España.

Ley 13/1983 de 24 Octubre que modifica el Titulo X del Libro I del Código Civil que trata "De la Tutela, de la Curatela y de la Guarda de los menores o incapacitados."

Ley 21/1987 de 11 de noviembre, se incorpora nueva redacción a los artículos que regulan la tutela asumida por ministerio de la ley por las entidades públicas.

LEY ORGANICA 1/1996, de 15 de enero; de Protección Jurídica del Menor, de modificación parcial del Código Civil y de la Ley de Enjuiciamiento Civil, que establece de aplicación a los menores de 18 años que se encuentren en territorio español, determinando que será de primacía *el interés superior de los menores* sobre cualquier otro interés legítimo que pudiera concurrir (art.2).

Asimismo establece que los DERECHOS DEL MENOR serán los establecidos en la constitución y tratados internacionales ratificados por España, en especial la Convención de Derechos del Niño de Naciones Unidas, estos derechos deben aplicarse sin discriminación alguna por razón de ...Nacionalidad...o cualquier otra circunstancia personal, familiar o social.

Establece que los poderes públicos garantizaran el respeto de los derechos de los menores y *adecuarán sus actuaciones* a la presente ley y normativa internacional.

3.2. Latinoamerica.

3.2.a. *Argentina.*

Históricamente argentina ha sido pionera en legislación respecto de la   protección de los menores, dando sus primeros pasos con la Ley de Patronato de 1919, pionera en Latinoamérica. Sucediéndoles distintas leyes entre las cuales están, la Ley 11357/1926 de Patria Potestad para ambos progenitores, art.2. La Ley 14367 que unifica el régimen de los hijos extramatrimoniales. La Ley 23264/1985 define a la patria potestad como un conjunto de Derechos y deberes con la finalidad de la protección y formación integral del menor.

Argentina es signataria de la Convención Internacional Sobre los Derechos del Niño y alinea su legislación nacional al principio rector de la convención "el interés superior del menor", dándole rango constitucional al incorporar la Convención mediante la Ley 23.849 que es enumerada por el articulo 75 inc.22 de la Constitución Nacional Argentina, mediante esta actitud modifica su pirámide jurídica dándole prioridad de actuación a los órganos estatales cuando se trate de actuar en pos del bienestar y buen desarrollo integral del menor.

Argentina fue pionera en el reconocimiento de la patria potestad mediante la Ley 10.903 de 21 de octubre de 1919 que modifico el articulo 264 estableciendo que la patria potestad no solo comprendía un conjunto de derechos y obligaciones. Aunque el punto negativo radicaba en que solo fue reconocida para hijos legítimos, los hijos naturales o fuera del matrimonio no se incluían. El artículo 336 del Código Civil no les concedía a los padres naturales, ni la administración ni el usufructo de los bienes de sus hijos. Esta restricción fue revocada con la Ley 10.903 que modifica el artículo 264 del Código Civil e incluye a los hijos naturales junto con los legítimos respecto de los derechos y deberes derivados de la patria potestad.

Ya en el año 1926 la Ley 11.357 unificó ambos institutos al disponer que tanto la madre natural como el padre que hayan reconocido a sus hijos ostentan la patria potestad sobre sus hijos en igualdad de derechos que los padres legítimos.

Y es recién en 1954 que la Ley 14.367 que unifica el régimen de todos los hijos adulterinos, incestuosos y sacrílegos, determinando que los padres tienen todas las carga de la patria potestad respecto de los hijos nacidos fuera del matrimonio, pero en los derechos de alimentos, siempre que fueren reconocidos espontáneamente.

La patria potestad fue definida con la Ley 23.264 en el año 1985, que sustituye al artículo 264, determinando que la patria potestad es un conjunto de derechos y deberes, sobre la personas y bienes de los hijos, con la finalidad de proteger y garantizar la formación integral del menor, aclarando que estos derechos y deberes nacen desde la concepción hasta la mayoría de edad.

También determina que el ejercicio de la patria potestad es compartida y corresponde el consentimiento del otro progenitor en las decisiones importantes que se tomen respecto de los hijos.

Ley Nacional Argentina 26061 del año 2005, innovadora respecto de los cambios que introduce y de protección integral de los derechos de las niñas, niños y adolescentes, la cual establece una protección integral del menor en sus diferentes etapas.

Haciendo un paréntesis, es de destacar la evolución de los países latinoamericanos vecinos respecto de la patria potestad:

Uruguay es el primer país que reconoce la patria potestad compartida, ya en el año 1946 entra en vigor la ley que regula la patria potestad compartida. En el año 1934 reconocía la igualdad de obligaciones del padre con los hijos matrimoniales y no matrimoniales, reconocimiento de avanzada y loable por parte de este estado, teniendo en cuenta la legislación de los países vecinos que gritaban lo contrario.

Sin embargo, Argentina llego a equiparar estos derechos casi a finales de siglo, legislación fuertemente marcada por el machismo y una inclinación netamente discriminatoria ante los hijos matrimoniales y no.

En cuanto a **Chile**, es alarmante su postura ante la patria potestad compartida, ya que hace más de dos años que fue promulgada y entro en vigor la ley que reconoce la patria potestad compartida, Ley 20.680 de junio de 2003, legislación que equipara las facultades de los progenitores sobre la patria potestad, estableciendo que la administración de los bienes de los hijos menores es totalmente compartida. Este reconocimiento surge 150 años después de la promulgación del Código Civil Chileno por Andrés Bello que otorgaba al padre la titularidad única de la patria potestad sobre los hijos.

3.2.b. *Brasil.*

El origen del reconocimiento de derechos a la infancia se remonta a los indígenas Brasileros en el 1500 los niños eran responsabilidad de la tribu, mas no del estado.

Desde 1501 en adelante los niños y adolescentes abandonados en Portugal eran traídos a Brasil para colaborar en las catequesis.

Entre 1600 y 1700 es un momento en que la categoría de infancia se consolida, aunque en condiciones de inferioridad en relación a los adultos.

Entre 1800 y 1900 surgen las primeras escuelas en Brasil para los niños de elite. Es en el mismo periodo que nacen las "Rodas dos Expostos", de madera colocada en las paredes de las casas santas para los niños rechazados por las madres. Fue una época donde la explotación sexual de los adolescentes fue muy acentuada.

En el siglo XIX surgen las primeras iniciativas de contactar a los niños abandonados y surge la ley de vientre gratis para las niñas y niños negros, aumentan enormemente los niños que viven en la calle.

Durante 1900 surgieron acontecimientos importantes de protección al menor como, el primer establecimiento público de menores en Rio de Janeiro. Fue creado el Tribunal de Menores que fuera base de la legislación y códigos de menores conocido como el Código Mello Mattos que protegía a los menores de 18 años.

También aparece el Ministerio de Educación "Ministerio da Educacao e Saúde Pública gestionado por Getúlio Vargas.

Ya en la década del 40 se establece la obligatoriedad de la educación primaria consolidándose la Lei Trabalhistas CLT y es creado el Servicio de Asistencia a menores SAM dependiente del Ministerio de Justicia, este organismo recluía a los niños abandonados y a los infractores de la ley.

En 1950 se instala UNICEF en Joao Pessoa PB, fundada por Naciones Unidas y se inician una cadena de protección a los niños, adolescentes y embarazadas que se incrementan con la Declaración Universal de los Derechos del Niño.

En 1979 es aprobado el segundo código de menores que revoca el de Mello Mattos que incorpora un concepto asistencialista al menor y adolescente.

En 1980 en adelante surge un gran movimiento de protección y asistencia de las niñas y niños de la calle y se reconoce por primera vez a los niños y adolescentes como sujetos de derechos y participación social.

Ya en 1986 se crea la Comisión Nacional Constituyente del Niño y posteriormente en el año 1988 la Constitución Federal de Brasil que en su artículo 227 y establece las bases para el estatuto de los niños y adolescentes.

Constitución Federal de Brasil en su Artículo 227 *"É deber da familia da sociedade e do poder público asegurar a criança ao adolescente e ao joven, com absoluta prioridade, o direito à vida, à saúde, à alimentaçao, à educaçap, ao lazer, à professionalizaçao, à cultura, à dignidades, ao respeito, à liberdade e à convivencia familiar e comunitária, além de colocá-los a salvo de toda forma de negligencia, crueldade e opressao". En Perú la patria potestad es reconocida a partir de 1950, se le otorgan los mismos derechos a ambos progenitores con la excepción que ante falta de acuerdo entre ambos prevalece la voluntad del padre postura que actualmente el Código Civil de este país en vigor desde agosto del año 2009 que en sus artículos 418 a 424 regula la patria potestad en todos sus aspectos y establece a la misma como un conjunto de derechos y deberes de los padres hacia los hijos menores. Este código determina que en caso de desacuerdo de los progenitores será el Juez quien decida atendiendo a lo mejor para el bienestar y buen desarrollo del menor.*

3.2.c. Uruguay.

En este país los derechos del niño iniciaron sus primeros pasos con el Código Penal en 1868 que aún se encuentra vigente, este fue el primer paso que posteriormente dio lugar a la promulgación del Código del Niño de 1934 e inmediatamente es creado el Consejo del Niño y los Juzgados de Menores como órganos específicos que constituían los órganos protectores de la infancia a nivel jurídico y administrativo.

En el mismo año nace la Constitución Nacional que determina la protección del niño en el Capítulo II en el artículo 39 "El estado velara por el fomento social de la familia". En el artículo 40 "El cuidado y educación de los hijos para que estos alcancen su plena capacidad corporal, intelectual y social, es un deber y un derecho de los padres." Y en su inciso 2° "…el estado velara por el fomento social de la familia" "la ley dispondrá las medidas necesarias para que la infancia y juventud sean protegidas contra el abandono corporal, intelectual o moral de sus padres o tutores, así como contra la explotación y el abuso..." el artículo 41 dispone: "...que los padres que tengan hijos fuera del matrimonio poseen las mismas obligaciones con estos que con los nacidos dentro de él."

En la época de la República surge la problemática de los menores que fue encomendada su atención asistencial a las órdenes religiosas que deberían atender a los "menores y Expósitos", huérfanos y viudas, siendo sede de esta protección el cabildo para luego ser sustituidas por las entidades creadas para esta misión con el código en 1934.

Entre los organismos destacables de esa época de evolución en la protección al menor, se destacan el Asilo Dámaso Antonio Larrañaga, el Hospital Pereira Rosell gran referente pediátrico de la época, entre otros.

Uruguay es un referente de avanzada en relación al derecho del niño y la mujer, pues ya en el año 1946 determina la patria potestad compartida.

Al actualizar su legislación protectora del menor en el año 2004 a través de casi diez año de un largo proceso de ajustes y discusiones por la comisión especial creada para su realización. Fue modificado el Código del Niño y aprobado el Código de la niñez y Adolescencia en el año 2004, a través del mismo fue alineada su legislación a los instrumentos internacionales que ratifica como la Convención Internacional Sobre los Derechos del Niño, entre otras, es de acentuar que en este proceso al igual que la mayoría de los países latinoamericanos se introduce la palabra adolescente y se establece la diferencia entre niño y adolescente:

Determinando las siguientes disposiciones destacables y de avanzada.

1. Todos los niños y adolescentes son titulares de derechos, deberes y garantías, inherente a su condición de persona humana.
2. Se establece la corresponsabilidad de los padres, tutores la comunidad y el estado.
3. El estado deberá actuar en las tareas de orientación y fijación de políticas aplicables a las distintas áreas vinculadas a la minoridad y la familia, coordinando las actividades públicas y privadas que se cumplan en tales áreas." (Art.7-2).
4. En la integración de las normas se utilizara como criterio especifico, *el interés superior del niño y adolescente.* (Art. 6).

Siendo la legislación protectora del Niño y adolescente en la actualidad.

4. EL INTERES SUPERIOR DEL NIÑO EN ESPAÑA ANTE LA PRESENCIA DE EXTRANJERIA.

4.1. El interés superior del niño español vinculado con progenitores extranjeros no comunitarios.

Aunque anteriormente explicado, el interés superior del niño es un derecho que goza de protección universal, en especial a través de la Convención Internacional Sobre los Derechos del Niño, adoptada por la Asamblea General de Naciones Unidas en 1989. Según su definición, el interés superior del niño se debe defender a través de cuatro principios fundamentales: no discriminación; devoción a los mejores intereses del niño; el derecho a la vida y a la supervivencia, y el desarrollo y respeto de la opinión del niño. España ratificó la Convención el 5 de enero de 1991 y, desde ese momento, está obligada a llevar a cabo las medidas y políticas necesarias para proteger los intereses superiores del niño.

Después de la Convención, han sido muchos los foros internacionales en los que se han intentado unificar criterios y definiciones sobre el concepto y, aunque todavía no existe unanimidad sobre el mismo, sí podemos comparar la definición que de él hacen algunos estados latinoamericanos y Europa.

Para Argentina el interés superior del niño no sería otra cosa que *"la máxima satisfacción, integral y simultánea de los derechos y garantías reconocidos en la Ley 26061 de Protección Integral de los derechos de las niñas niños y adolescentes"*. Los derechos reconocidos en esta Ley *"están asegurados por su máxima exigibilidad y sustentados en el principio del interés superior del niño"*.

En la Ley que rige en Costa Rica el interés superior del menor *"le garantiza el respeto de sus derechos en un ambiente físico y mental sano, en procura del pleno desarrollo personal"* (art. 5).

En Uruguay el interés superior del niño y del adolescente *"consiste en el reconocimiento y respeto de los derechos inherentes a su calidad de persona humana. En consecuencia, este interés no podrá invocarse para menoscabo de sus derechos"* (art. 6 de la Constitución).

Venezuela (art. 8 de la Constitución) sigue muy de cerca el texto uruguayo y, cuando existen conflictos de intereses, considera que en aplicación del interés superior del niño y adolescentes frente a otros derechos e intereses igualmente legítimos, prevalecerán los primeros.

En cambio, en Europa nos encontramos con que el concepto sigue siendo más bien indeterminado y que actualmente los estados miembros no se han ocupado debidamente de asegurar la efectividad del *"interés superior del niño"*.

Al intentar encontrar una definición en Europa nos queda la sensación que bien describe la letrada Antonia Durán Ayago, quien se pregunta sobre la existencia de un concepto universal del interés superior del menor, porque existen tantos conceptos de interés del menor como ordenamientos jurídicos.

La letrada va más allá en su planteamiento porque a pesar de existir un concepto universal de este interés, su grado de intermediación puede concretarse a través de los valores propios del ordenamiento jurídico del foro:

La diversidad de implicaciones de la polémica en torno a la primacía de la universalidad o del relativismo cultural en la aplicación de los derechos humanos puede traducirse respecto de la Convención sobre Derechos del Niño en los siguientes términos: la universalidad de la Convención supone un conjunto de normas inspiradas en una concepción global e ideal de la infancia, mientras que por otra, el relativismo cultural cuestiona la aplicabilidad de normas universales, aduciendo la existencia de una diversidad de infancias, realidades cuyos marcos normativos sólo pueden abordarse a partir de sus particularidades espaciales, temporales y socioculturales.

La abogada concluye que *"más allá del acervo jurídico que revista el principio del interés del menor en un determinado Estado, en una determinada civilización, ha de hacerse valer sobre todo y, por encima de todo, la persona del niño."*[1]

Debemos señalar que la Convención sobre los Derechos del Niño no posee efecto directo, sino que cada Estado está obligado a integrar en su ordenamiento este principio de acuerdo a su bagaje jurídico, cultural y social. Sin embargo no se llega a alcanzar una concreción plena, ya que ésta sólo podrá lograrse en un momento preciso, ante

---

1   DURÁN AYAGO, Antonia: *El interés del menor en el conflicto de civilizaciones: elementos para su concreción en un contexto intercultural.* El Derecho de Familia ante el siglo XXI. 2004, p.307.

una determinada realidad y unas circunstancias concretas.[2]

4.2. Niños españoles hijos de extranjeros no comunitarios.

En España es preocupante, en cuanto al tratamiento del menor español con padres extranjeros extracomunitarios con hijos españoles a su cargo, evidencian la falta de efectividad *"del interés superior del niño"* en España.

A continuación expondré situaciones de regularización de los extranjeros vinculados directamente con hijos españoles que dejan en evidencia que la normativa restringe ese supuesto.

Es decir, un descendiente mayor de edad otorga una tarjeta de residencia de familiar de ciudadano de la Unión a su progenitor. Sin embargo, un hijo menor de edad igualmente español otorga a su padre o madre una tarjeta de residencia del Régimen General, con todas las restricciones e inestabilidad que esto implica, es decir, residencia de un año que no asegura su renovación.

Esta diferencia de trato es a todas luces discriminatoria para el ciudadano español y para su familiar. Además, no se toma en cuenta que el hecho de ser menor de edad implica una mayor vulnerabilidad y necesidad de protección tanto de sus progenitores como del Estado, pero de forma inentendible el Estado se aparta de su obligación[3] e incumple su propia constitución que ordena esta máxima protección en su art. 39 CE.

Y en la misma Ley 1/1996 de Protección Jurídica del Menor, establece los principios rectores de la de la acción administrativa en su artículo 11 indicando que la administración pública facilitara a los menores la asistencia adecuada para el ejercicio de sus derechos.

Por otro lado, lo más habitual es que el hijo(a) de un extracomunitario(a) sea menor de edad y, desde el punto de vista del menor, deviene en un trato discriminatorio respecto a otro menor español, por el hecho de ser hijo de progenitor(es) extracomunitario(s) irregular(es).

Esta situación ya no solo contradice la convención sobre los derechos del niño, también el principio fundamental establecido en el Tratado de Funcionamiento de la

2   *Ibíd.* p. 317.

3   Artículo 39 de la CE.

Unión Europea (TFUE) en sus artículos 10 y 18, que prohíbe toda discriminación por motivos de nacionalidad, sexo, origen racial o étnico, religión o convicciones, discapacidad, edad u orientación sexual.

Esta disposición beneficia a toda persona, sea o no ciudadana de la Unión, conculcando a su vez el mandato que establece el artículo 14 de la Constitución Española (igualdad de los españoles ante la Ley) en lo que a la normativa interna se refiere.

Por otra parte, como en muchas otras problemáticas de esta materia, el inconveniente tiene su origen, no en el ordenamiento interno español directamente, sino en el mandato de una directiva de la Unión. El artículo 2.2.d. de la Directiva 2004/38/CE del Parlamento Europeo y del Consejo, de 29 de abril de 2004, establece que se considera como miembro de la familia de un ciudadano de la Unión a *"los ascendientes directos **a cargo** y los del cónyuge o de la pareja definida"*, siendo el contenido del Real Decreto 240/2007 simplemente una transposición literal de la directiva.

Además, sobre las disposiciones indicadas anteriormente, se encuentra la Directiva 2003/86/CE del Consejo, 22 de Septiembre[4] de la cual surge el derecho a la reagrupación. Se considera un derecho fundamental de ámbito general, reconocido por el Tribunal de Justicia de las Comunidades Europeas. Y tal como nos señala Moitinho[5] es aquí donde surge el derecho al respeto de la vida privada y familiar en su proyección de derecho a la reagrupación familiar o unidad familiar; un derecho derivado de la protección establecida en el artículo 8 de la Convención Europea de Derechos Humanos.

No obstante, la transposición de normas de esta naturaleza se ha hecho sin tomar en cuenta todas estas consideraciones, pues las administraciones que gestionan esta materia siguen proyectando sus normas en función de la conveniencia de diversos elementos. El criterio es absolutamente subjetivo pues no se sabe por qué se solapan o se dejan de aplicar algunos mandatos, bajo el pretexto de aplicar otros.

En reiteradas oportunidades el Tribunal Europeo de Derechos Humanos ha insistido en la protección del derecho al **respeto de la vida familiar**, tal como lo hizo en la Sentencia c. Países Bajos del 21 de Diciembre de 2001.

En esta misma línea, encontramos que la Convención sobre los Derechos del Niño reco-

---

4   Diversas normas en el orden interno han transpuesto progresivamente esta directiva.

5   MOITINHO DE ALMEIDA, José Carlos: La protección de los derechos fundamentales en la jurisprudencia del tribunal de justicia de las comunidades europeas Derecho comunitario europeo y su aplicación judicial. Editorial CIVITAS. 1993, p. 97.

noce el principio de respeto de la vida familiar basándose en que el niño para el pleno y armonioso desarrollo de su personalidad, debe crecer en el seno de la familia. En su artículo 10, la Convención establece que toda solicitud de un padre para reunirse con su familia -en este caso sus hijos- debe ser atendida de manera positiva, humanitaria y expeditiva.

Para entender aún mejor las incongruencias entre lo que proclama la Ley y su aplicación práctica por parte de la Administración española, nos ocuparemos del caso de Albeiro.

Albeiro: con condena cumplida, pero bloqueado por sus antecedentes penales.

Albeiro es un colombiano que el 22 de diciembre de 2011 presentó solicitud de residencia por circunstancias excepcionales, bajo el supuesto de **"arraigo familiar"** en virtud de la nueva normativa que permite regularizar a los progenitores de ciudadanos españoles.[6]

El expediente fue aceptado pero el 21 de febrero 2012 fue resuelto como **no favorable** bajo el argumento de que constaban antecedentes penales. El argumento fue recurrido ante el Juzgado Contencioso Administrativo de forma inmediata y como única vía de defensa.

Albeiro reside en España desde diciembre de 2000 y conformó una familia de la cual nacieron dos niñas gemelas de nacionalidad española, hoy con seis años de edad.

Desde hace aproximadamente cuatro años Albeiro y su mujer se separaron pero mantienen una buena relación: hay un buen régimen de visitas y alimentos para sus hijas en común y la cuota de alimentos la cumple dentro de las limitaciones que le ocasiona el hecho de encontrarse irregular, ya que solo puede realizar trabajos aislados.

El 23 de Junio de 2005 obtuvo su primera autorización de residencia y trabajo hasta el 22 de junio de 2006, cuando volvió a renovar y obtuvo la segunda autorización por dos años más. Al solicitar su segunda renovación, el 22 de junio de 2008, se la denegaron por constarle un proceso penal abierto. Albeiro presentó recurso contencioso administrativo con fecha 19 de noviembre de 2008 que nuevamente le fue denegado, aunque todo ese tiempo se mantuvo trabajando y cotizando con un contrato de trabajo estable.

---

6   Art. 124.3 del RELOEX.

La irregularidad trajo aparejada un sinfín de consecuencias negativas que lo fueron llevando a la exclusión social y la mendicidad. Con dos hijas y dos hipotecas con un monto aproximado de treinta mil euros en diferentes entidades bancarias, ya le habían comunicado que convertirían su contrato de un año en indefinido, pero al denegarle la renovación, la empresa no quiso mantenerlo en forma irregular y lo despidió.

Pese a los infructuosos intentos de mantener su regularidad en España, y el fracaso ante ellos, en marzo de 2011 ingresó nuevamente solicitud de residencia y trabajo por circunstancias excepcionales (arraigo social),[7] intento que nuevamente fue denegado. El 21 de febrero de 2012 lo volvió a intentar ingresando solicitud de residencia y trabajo por arraigo familiar y aunque la norma no requiere demostrar no poseer antecedentes penales, nuevamente le fue denegada.

En 2009, año en que queda irregular o 'ilegal', Albeiro era un trabajador con una familia, cumplía con sus obligaciones bancarias y tributarias (situación acreditada en el expediente contencioso), pero al perder su trabajo como consecuencia de la irregularidad, intentó seguir cumpliendo, sin éxito, con sus obligaciones. Sin 'papeles' ya no era fácil encontrar trabajo y se vio obligado a dejar de pagar.

Hoy se encuentra en una situación terrible de exclusión social, viviendo en habitaciones que le dejan los amigos, como consecuencia de no poder contar con trabajos estables y la obligación de ayudar a la madre de las niñas con aportaciones mínimas.

Aunque mantiene una buena relación con la madre de sus hijas, ella se vio obligada a denunciarlo por incumplimiento en la cuota de alimentos de las niñas para poder recibir ayudas económicas del Estado. La situación es un círculo vicioso porque él se encuentra desempleado debido a que el sistema no le permite acceder a una autorización de residencia y trabajo.

En cuanto a los **antecedentes penales** en España, son dos las causas que están pendientes de pago: una multa por lesiones y otra de violencia de género. Entre ambas hacen un total de no más de 400€.

La condena fue cumplida con una medida penal alternativa, consistente en trabajos en beneficio de la comunidad durante seis meses en la empresa *Transports Metropolitans de Barcelona (TMB)*. Sin embargo, la Subdelegación de Gobierno sigue negando

---

7   Expediente 080720110008536.

su solicitud de residencia y trabajo porque sigue considerando que tiene antecedentes penales.

De acuerdo a la legislación reguladora de la materia vemos que se cumplen los requisitos legales,[8] al ser ascendiente directo (padre) de menores de nacionalidad española, las cuales tiene a cargo. Entre los requisitos establecidos expresamente por la ley no se exige el de carecer de antecedentes penales.

Es cierto que en las hojas informativas de la Subdirección General de Inmigración del Ministerio de empleo y Seguridad Social aparece como **documentación a aportar** en una solicitud de arraigo familiar, la certificación de carecer de antecedentes penales, pero este es un requisito que el artículo 124.3 RELOEX **no exige**.

Por ende, de conformidad con la lectura de la ley y su reglamento vemos que cuando la normativa desea que la certificación negativa de antecedentes penales constituya un requisito para la concesión de una determinada autorización, expresamente lo determina en su articulado. Ocurre así en el supuesto del *arraigo laboral*[9] y en el de *arraigo social*,[10] pero no aparece referencia similar en la norma reguladora del arraigo familiar.

Reiteramos que para conceder la autorización de residencia temporal por circunstancias excepcionales (supuesto de arraigo familiar) a un extranjero extracomunitario se le exige como requisito esencial ser padre de un menor de nacionalidad española y que, o bien conviva con el menor o que esté al corriente de sus obligaciones paterno filiales.[11]

Existe jurisprudencia actual por el Juzgado contencioso Administrativo Nº 9 de Valencia, de fecha 23/04/2010 que claramente explica *"que la mera existencia de antecedentes penales no conlleva de forma automática la denegación sino que habiéndose cumplido la condena, como sucede en el supuesto de autos, se debe, con carácter*

---

8   Artículo 124.3 RELOEX.

9   En el ordinal 1 del artículo 124 RELOEX, se exige a los extranjeros la acreditación de que *"carezcan de antecedentes penales."*

10   Cuando el apartado a) del ordinal 2 del artículo 124 RELOEX establece que se debe *"carecer de antecedentes penales."*

11   Expediente Nº 080720110063418 solicita autorización de residencia por ser progenitor de gemelas españolas con siete años, el progenitor lleva en España 12 años, autorización denegada por poseer antecedentes penales en España (violencia de género con la madre de las niñas). Expediente Nº 089920110019116 progenitora de dos niñas españolas, extranjera con segunda tarjeta de identidad de extranjero que autoriza a residir mas no a trabajar, es la tercera ocasión que solicita autorización para trabajar y aún no se la conceden. El caso fue presentado ante Fiscalía de Extranjería Barcelona y Defensoría del Pueblo, aún pendiente de resolver.

imperativo, valorar las circunstancias de cada sujeto".

Sin embargo, la Subdelegación de Gobierno no aplicó esta jurisprudencia al caso de Albeiro.

Actualmente ya en el año 2015 Albeiro está esperando la audiencia para el 25 de Marzo y sigue irregular sobreviviendo como puede y ayudando en la crianza y educación de sus hijas según la suerte del trabajo eventual que consigue.

De igual manera, el principio establecido en el artículo 39 de la Constitución Española impone a los poderes públicos el deber de asegurar la protección social, económica y jurídica de la familia. Por estas razones también carece de fundamento la nueva normativa que sólo otorga permiso de residencia al extranjero irregular que demuestre mantener a cargo a su descendiente español. Cuando el padre o madre extranjeros no sostienen a su descendiente español, no se les permite regularizarse, colocándoles en riesgo de expulsión de España.[12]

Sin embargo, con la reforma de la LOEX y su Reglamento, y del Real Decreto 240/2007, se desobedece o se hace caso omiso del mandato emitido por los instrumentos Internacionales y la normativa comunitaria que obliga a los Estados a ajustar sus ordenamientos internos al Comunitario, estableciéndose mediante tecnicismos la aplicación del Régimen General a los ascendientes de menores españoles.

Pero es justamente en los casos de irregularidad administrativa de los padres en que los descendientes españoles resultan más vulnerables y merecen mayor protección de parte de los poderes públicos y de sus progenitores.

Es justamente en estos casos en los que deben crearse las condiciones favorables para que los menores puedan desarrollarse en sociedad y ofrecer la protección de sus ascendientes, ya que son éstos quienes más necesidad tienen de regularizar su situación y encontrarse habilitados no sólo para residir sino también para trabajar y poder responder por sus obligaciones respecto a los hijos a cargo y preservar el núcleo familiar como unidad básica de esta sociedad.

Marginar a niños españoles por ser hijos de extranjeros extracomunitarios en situación irregular o excluir a estos adultos de la legislación pertinente o derivada de la situa-

---

12   Toda su historia aparece publicada en el periódico Latino del 10 de septiembre de 2010. Artículo completo en Internet: http://unaprorroga.files.wordpress.com/2010/05/antecedentes-penales.pdf

ción nacional de sus hijos es marginar al ciudadano español comunitario excluyéndolo, tanto a nivel comunitario como a nivel del Régimen General.

El tribunal contencioso administrativo de Barcelona, dio lugar al recurso y falló a favor de la concesión de la residencia y trabajo de Albeiro, tomando en cuenta los siguientes elementos, que para poder contribuir al sostén de los menores debe trabajar y al momento de denegarse la residencia se encontraba trabajando de forma continuada y estable durante 521 días, elemento que debió tenerse en cuenta como un fundamento de integración social.

Debería considerarse el dar un tratamiento individualizado y preferente a los expedientes, con un margen de consideraciones especiales, puesto que se están cometiendo atrocidades dejando a familias enteras en situación de vulnerabilidad y exclusión social, al permitirles regularizar su situación administrativa solo por un año y dificultarles la renovación o modificación de sus autorizaciones.

Tal es el caso de Christel, una boliviana que se regularizó mediante arraigo familiar, pero un año después perdió este derecho.

Christel, la incongruencia de la normativa de extranjería.

En 2005 Christel llegó desde Bolivia con sus padres y su hermano y se instaló en Valencia. Años después, viajó a Barcelona y fue en esta ciudad donde conoció a su actual esposo y padre de sus dos hijos.

El mayor tiene la nacionalidad española así que, en 2011, con la reforma de la Ley de Extranjería que favorecía a los progenitores de menores españoles, ella pudo obtener autorización de residencia y trabajo mediante arraigo familiar.

Un año después su esposo también se acogió a este derecho y pudo gozar de su permiso de residencia y trabajo pero a Christel le tocaba la renovación de la autorización y ésta le fue denegada "por no poseer medios económicos suficientes". Y es que dicha renovación, en realidad es una modificación del permiso porque, según el RELOEX debe pasar de "la situación de residencia por circunstancias excepcionales a la situación de residencia temporal y trabajo inicial por cuenta ajena", el cual está sujeto a un contrato de trabajo o demostrar medios económicos suficientes.
Al no tener contrato propio de trabajo, Christel solo podía mostrar los ingresos de su esposo, que apenas acababa de obtener su primera autorización de residencia y trabajo

mediante arraigo familiar.

De manera que la intención de la Ley de proteger al menor español, otorgando posibilidades de regulación a sus padres extranjeros se desvanece al cabo de un año. La primera autorización de residencia y trabajo es concedida mediante arraigo familiar por considerar que los padres no pueden permanecer 'sin papeles', pero cuando deben renovar este permiso se enfrentan a que, sin un contrato de trabajo, es imposible lograrlo.

En los últimos años, con la crisis económica que ha vivido España, las dificultades de encontrar un trabajo estable con contrato de trabajo son cada vez mayores y el caso de Christel es un claro ejemplo.

La imposibilidad de que los padres extracomunitarios continúen con un permiso vigente de residencia y trabajo vuelve a colocar en situación de discriminación a los menores y viola el derecho a la reagrupación que cobija tanto a los niños como a su progenitor.

En el caso particular de Christel, además de no contar con un contrato de trabajo, se le denegó el permiso de residencia porque su informe de integración social resultó desfavorable debido a que no habla catalán. Ella justificó, mediante certificado oficial, que había tomado un curso básico de catalán y que, además es madre de un menor nacido en Cataluña, pero esto no fue suficiente.

Al analizar este caso y el de tantos progenitores extranjeros con menores españoles, concluimos que existen dos errores al establecerse la vía de residencia mediante arraigo familiar:

• El arraigo familiar debería ser tanto para progenitores de ciudadanos de la Unión, como para progenitores de ciudadanos españoles, es decir, no limitarlo únicamente a los españoles.

• Los padres extracomunitarios de menores ciudadanos de la Unión se encuentran con dificultades para reunir las condiciones del arraigo y regularizarse. Por ejemplo, si un italiano tiene un hijo en España con una paraguaya, el niño es italiano y por ende, comunitario. Pero como en la regulación del arraigo familiar[13] sólo se habla de *menores españoles*" y no se extiende a comunitarios, esta madre no puede regularizarse por esta

---

13   ART. 124.3.3 RD 557/2011 de 20 de abril establece que pueden regularizarse por arraigo familiar: a). cuando se trate de padre o madre de un menor de nacionalidad española.

vía sino que debe esperar a cumplir tres años de residencia como 'ilegal' para tramitar un arraigo social o casarse con el italiano para obtener una residencia comunitaria.

La residencia debería seguir por el procedimiento de renovación y casi automático, con solo presentar el vínculo y convivencia sin más, debiendo ser el mismo Estado español el competente y no la Comunidad Autónoma en la que resida el interesado.

Y en caso de que sea la Comunidad Autónoma (como Cataluña) ésta debe respetar este derecho superior que es el de ser "progenitor de un nacional español y ciudadano de la Unión" y conceder automáticamente la renovación al demostrar el vínculo y la convivencia o cumplimiento de su obligación de progenitor cuando los padres están separados.

El problema que se expone es una queja constante desde que entró en vigor el RELOEX 557/2011. Quienes conocemos de cerca estos casos venimos preguntándonos: ¿qué sucederá con estos progenitores cuando venzan sus autorizaciones? Los responsables de los organismos encargados de esta situación nunca han dado una respuesta concreta.

Está claro que la reciente reforma de la Ley de Extranjería Española y su reglamento (RELOEX), habilitó la vía para que estos extranjeros se regularicen por la circunstancia excepcional de ser progenitores de ciudadano español, solicitando el **arraigo familiar**. Pero la restricción es que acceden al Régimen General de Extranjería y no al Comunitario -como debería ser- porque estos menores (sus hijos) además de españoles son ciudadanos de la UE.

Regularizarse a través de esta vía significa precariedad, inestabilidad, restricción a los derechos del menor como ciudadanos de la Unión y un menoscabo del derecho a la unidad familiar.

El tratamiento dado a los progenitores extracomunitarios de descendientes españoles, al excluirlos del Régimen Comunitario como familiares de ciudadanos de la Unión, restringe sus derechos porque su regularización rige bajo el Régimen General y esta disposición va en contra de los principios establecidos por la legislación de la UE, en especial los de no discriminación bajo ninguna razón.

Desde la Asociación INTEGRA se expuso el caso de Christel y sus hijos al responsable de la Dirección General para la Inmigración de la Generalitat de Cataluña y a la jefa de la Oficina de Extranjeros de la Subdelegación del Gobierno en Barcelona, entre otros funcionarios. Sin embargo, nadie se ocupó de resolver la situación que es reflejo de toda una problemática a nivel estatal.

La Asociación INTEGRA pudo constatar en un seminario en Zaragoza a finales 2011, que el drama de Christel no es único porque así lo expusieron varios representantes de distintas comunidades al señor Carlos Mora, subdirector general de inmigración en España.

La situación es contraria al procedimiento inicial de arraigo familiar debido a que al renovar el permiso (art. 202 del Reglamento 557/2011 de 20 de abril) lo que se pide es una modificación de la autorización y, por tanto, se exigen condiciones que inicialmente no se habían pedido y que, en un año, teniendo en cuenta la situación de profunda crisis económica que sufre España, no pudieron mejorar estos progenitores.

En Barcelona a finales de 2013 nuevamente se expuso el caso de los menores al señora Carlos Mora, en un encuentro de extranjería sobre la ley 14/2013 de emprendedores y el cuestionamiento fue, porque no daban una salida rápida a la renovación de los progenitores de menores españoles, las respuesta fue que estaban en ello, a dos años del reglamento y cuando ya numerosos progenitores quedaron irregulares.

Es decir, al no poder conseguir un contrato de trabajo, estos padres son condenados nuevamente a la irregularidad y forzados a volver a solicitar el arraigo familiar -previa irregularidad- como es el caso de Christel, quien debió volver a solicitar autorización de residencia y trabajo en fecha 13 de diciembre de 2014, mediante otra vía llamada Disposición Adicional 1° 4° RD 557/2011 DE 20 de abril, debido a que no se le permitía volver a presentar como arraigo familiar y se vio en la obligación de tramitar un informe positivo de esfuerzo de integración ante el órgano pertinente de la Generalitat de Cataluña, teniendo dos hijos nacidos en España, uno español, otro residente, su esposo residente, su madre residente, sus sobrinos españoles y hermano residente.

El 03 de Marzo resuelven favorable lo de Christel y ya veremos el año próximo cuando vuelva a vencer si no consigue darse de alta y no solucionan la renovación, se verá en la misma situación.

Como reflexión final, si volvemos a la Ley de Extranjería 7/1985 creemos que los expedientes de los extranjeros vinculados con españoles deberían ser tratados preferencialmente[14] y evitarles estos desgastes administrativos, económicos y psicológicos.

14   Ley Orgánica 7/1985, artículo 18: *"Tendrán preferencia para la obtención y, en su caso, renovación del per-*

Quitarles sus derechos como **familiares de ciudadanos de la Unión Europa** los aboca a una exclusión social.

La historia que explicamos a continuación demuestra la injusticia a la que se ven sometidos algunos padres o madres de menores españoles y su constante lucha por obtener un permiso que, además de residir, les permita trabajar para contribuir al buen desarrollo de sus hijos menores.

Nora.

Cancelación de inscripción de nacionalidad española a menor nacida en españa y apátrida:

Nacionalidad por presunción.

Doña Lucila, de nacionalidad Argentina, vecina de la ciudad de Barcelona, ante la situación de vulnerabilidad y desamparo a su hija menor Nora de nacionalidad española de 9 años de edad entonces, hoy diez años, presento queja de preocupación y manifestación ante el Consulado Argentino en Barcelona, la Defensoría del Pueblo española y la Comisión Europea. Previa presentación de recurso potestativo de reposición ante el registro civil de Barcelona en octubre 2013 y el segundo ante la Dirección General de Registro y del Notariado, Ministerio de Justicia España, en octubre de 2014, actualmente pendiente de ser resuelto.

En su queja manifiesta los sucesos que seguidamente se exponen: Su hija Nora nace en Barcelona, en marzo de 2005 y debido a la situación legal del país de origen de sus padres, Argentina la madre y Marroquí el padre, países que no conceden la nacionalidad a los hijos de sus nacionales nacidos en el extranjero por disposición de su legislación interna. En Argentina rige el IUS SOLIS el derecho a la nacionalidad que otorga el suelo, estableciendo que los hijos de nacionales nacidos en el extranjero no son nativos (argentinos).

Marruecos no concede la nacionalidad a los hijos nacidos fuera del matrimonio, debido a que la nacionalidad marroquí es otorgada en virtud de la filiación que viene del instituto del matrimonio y/o reconocimiento voluntario del progenitor ante la entidad

---

miso de trabajo, los extranjeros que acrediten hallarse en cualquiera de los siguientes supuestos: b). Casados con español o española y c). Que tengan a cargo ascendiente o descendiente de nacionalidad española."

diplomática de su país en el lugar de nacimiento de la menor.

En fecha 15 de noviembre de 2005, el encargado del registro civil dicta resolución *n°0000/02 en la que declara con valor de simple presunción: que la inscrita ha adquirido la nacionalidad española de origen en el momento del nacimiento* y en fecha 20 de enero de 2006 ordenando que *su nombre y apellidos deben ser NORA... y el apellido de ambos padres.*

En el año 2010, cinco año después, al obtener la partida literal de inscripción de nacimiento, la madre solicita el documento nacional de identidad de la menor NORA, con número 0000000X.

Desde entonces, toda su historia personal, registros escolares, sanitarios, administrativos en general, son anotados con esta identidad española.

La concesión de la nacionalidad de origen por valor de simple presunción, fue fundamentada mediante la legislación que regia al momento de la solicitud de inscripción, debido a que técnicamente la menor se encontraba al momento de su nacimieno en situación de **apátrida**,[15] y de acuerdo a la legislación interna española.[16]

Los tres documentos públicos determinantes del estado de apátrida en que se encontraba la menor (certificado literal de nacimiento emitido por el registro civil de Barcelona, España en el que consta que la niña nació allí, el día x y que no posee na-

---

15   Según la Convención sobre el Estatuto de los Apátridas de las Naciones Unidas, firmada en Nueva York el 28 de septiembre de 1954, un apátrida es definido como: Cualquier persona a la que ningún Estado considera destinataria de la aplicación de su legislación. Esta situación atípica de acuerdo al Derecho Internacional, se puede dar en los siguientes supuestos:
    -Nacional de un Estado que ha desaparecido, no creándose en su lugar ningún Estado sucesor.
    -Ha perdido la nacionalidad por decisión gubernamental. Como sucedió con los rusos blancos exiliados a quienes el gobierno soviético privó de su nacionalidad.
    -Pertenece a alguna minoría étnica o de otra índole a la cual el gobierno del Estado donde ha nacido le deniega el derecho a la nacionalidad. Como sucedió con los refugiados de etnia tutsi en Ruanda y Burundi y los refugiados palestinos establecidos fuera de Israel.
    -Que nació en territorios disputados por más de un país: por ejemplo, los beduinos del Africa del Norte entre Libia, Chad y Argelia.
    -O por ejemplo, los kurdos, que residen entre varios Estados mutuamente limítrofes, que les niegan la nacionalidad propia.
    -Que carezca de nacionalidad porque se ha producido un conflicto entre las legislaciones de los diversos países implicados. El supuesto de Nora que estamos tratando, la menor nace en un país donde la nacionalidad viene dada por la nacionalidad de los padres según el ius sanguinis (y no por el lugar de nacimiento), pero sus padres son de un países que no conceden la nacionalidad, porque Argentina se rige por el "ius soli", es decir, un país del cual pueden ser ciudadanos sólo quienes nacen allí y Marruecos que la concede en virtud del la filiación venida del matrimonio.

16   Código Civil en su artículo 17.1. *Son españoles de origen: .....c) Los nacidos en España de padres extranjeros, si ambos carecieren de nacionalidad o si la legislación de ninguno de ellos atribuye al hijo una nacionalidad.*

cionalidad alguna), certificados negativos de inscripción emitidos por los consulados de Argentina[17] y Marruecos,[18] ambos indican que la menor no está registrada en ninguno de esos países y que no se la puede registrar.

Estos documentos fueron el fundamento de interpretación técnica que dio lugar a la concesión de la nacionalidad por valor de simple presunción en virtud de la legislación vigente al momento de la inscripción y actualmente.

En marzo de 2010 el Ministerio Fiscal promueve expediente de cancelación de anotación marginal de Nacionalidad Española a la menor Nora alegando que su inscripción fue un error de interpretación legal y que la menor debe ser Marroquina.

En octubre de 2013, la madre es notificada que la cancelación de nacionalidad es inminente y se le daba un plazo de 3 días para recurrir (colocándola en situación de indefensión total), la madre presenta escrito de alegaciones y en octubre de 2014 nuevamente es notificado el rechazo de sus alegaciones y continuidad de cancelación de la inscripción de nacimiento.

No obstante las alegaciones, el Registro Civil de Barcelona resuelve en Diciembre de 2013 la cancelación de las anotaciones marginales de concesión de nacionalidad española en valor de simple presunción de la menor NORA, **bajo el fundamento de la errónea inscripción por parte de esta administración** y en virtud del artículo 147[19] del Reglamento de la Ley del Registro Civil.

---

17   Certificado N°5432/05 emitido por el Consulado General de la República Argentina en Barcelona, España, CERTIFICA: que la Ley 346 de Ciudadanía y Naturalización de Nuestro país establece en su inciso 2° del artículo 1°, que serán argentinos "los hijos de argentinos nativos, que habiendo nacido en país extranjero optaren por la ciudadanía de origen". De modo que, según la citada Ley vigente, los hijos de argentinos nativos nacidos en el exterior no adquieren la nacionalidad de los padres por el solo hecho del nacimiento, debiendo mediar el trámite de opción, en las condiciones previstas por ésta norma. Por tanto CERTIFICA que la menor Nora nacida en Barcelona, ...hija de la madre ....nacional argentina ...., NO ES ACTUALMENTE CIUDADANA ARGENTINA.

18   Con el título de INSCRIPCION NEGATIVA DE NACIMIENTO... de fecha 23/03/2005 El Consulado General del Reino de Marruecos en Barcelona, certifica que , la menor Nora, nacido ../03/2005 en Barcelona, hija del ciudadano marroquí Don ....y la ciudadana Argentina ..., inscrita en el Registro Civil de Barcelona con fecha ... /03/2005, no está inscrita en el Registro de inscripción de nacimientos marroquí de este Consulado General, puesto que los padres no han contraído matrimonio en conformidad a lo estipulado por la legislación marroquí en materia del Estatuto Personal y particularmente en materia de Registro Civil. Lo cual constituye un impedimento para expedir cualquier documento marroquí a su favor hasta que los padres hayan emprendido tramite oportunos ante le Ministerio de Justicia marroquí para legalizar su matrimonio civil e inscribirlo en el Registro Civil marroquí. Por consiguiente su mencionada hija no puede incluirse en el pasaporte de su padre ni expedirle el certificado de nacionalidad marroquí de su padre.
Cabe señalar que según la legislación marroquí vigente, todo hijo nacido de su padre marroquí sea cual sea la nacionalidad de la madre adquiere la nacionalidad marroquí de su padre.

19   Artículo 147: "Las anotaciones pueden ser rectificadas y canceladas en virtud de expediente gubernativo en que se acredite la inexactitud o por título suficiente para rectificar o cancelar la correspondiente inscripción."

El fiscal fundamenta su oposición en la inscripción errónea ante la existencia de, una legislación Marroquí en vigor desde el año 2004, que otorga la nacionalidad marroquí del padre a los hijos por el solo hecho **del derecho de la sangre** - ius sanguinis -, jurisprudencia de la Dirección General del registro y del Notariado, desde octubre de 2005 y una publicación del Ministerio de Justicia en el boletín en Noviembre de 2005 BOE N°2.014 que se basan en la Modificación introducida en el código de familia de Marruecos.

Consultamos a la señora cónsul de Marruecos en Barcelona quien nos explica, que para que la niña sea marroquina debió presentarse el padre VOLUNTARIAMENTE a reconocer a la niña ante el consulado y realizar las gestiones administrativas correspondientes.

Actualmente para el estado Marroquí, la niña no es marroquina, pues el hecho de que lleve los apellidos del padre no significa que este reconocida por él ante el estado Marroqui, el reconocimiento que surge de la partida literal de nacimiento española es un reconocimiento de parte de la madre que indica que el padre es X persona, pero no un reconocimiento ante la República de Marruecos.

Ante esta situación de incertidumbre, la madre intenta solicitar la nacionalidad argentina para su hija Nora, no siendo admitida la solicitud debido a la falta de autorización por parte de su progenitor, quien se niega rotundamente, haciendo imposible incoar la solicitud ante la falta de este documento.

Conclusión:

La cancelación y revocación de la nacionalidad, es un acto carente de ética por parte de la administración y totalmente contrario a la legislación vigente al momento de la inscripción y en la actualidad.

La confirmación de esta postura implicaría un **cambio total de identidad** de la menor Nora, afectando íntegramente su identidad, nombre, nacionalidad, numero de documento, y posteriormente toda la situación administrativa indicada precedentemente.

Situación que causaría un grave daño moral a la menor y su madre. Esta última se vería en la situación de explicar o fundamentar una situación que no tiene sustento legal y mucho menos explicación.

La fiscalía presenta una interpretación errónea e ilegítima del derecho Marroquí, aferrándose a un fundamento inexistente, teniendo en cuenta que de la misma documentación presentada surge el impedimento legal para dejar a Nora sin nacionalidad: el certificado negativo de inscripción expedido por el Consulado de Marruecos en Barcelona, es contundente evidenciando que la legislación de marruecos no concede la nacionalidad a los hijos de marroquíes que nacen fuera del matrimonio, siendo el **fundamento jurídico que da lugar a la nacionalidad marroquí el instituto del matrimonio.**

El responsable del Registro Civil de Barcelona hace una interpretación que mediante resolución del expediente 0000/05 de fecha 15 de Noviembre de 2005 que ordena la anotación de declaración de concesión de nacionalidad española de origen con valor de simple presunción, mediante una explicación técnica y legal, contundente.

No existe margen de duda que el Reino de Marruecos no concederá la nacionalidad a la menor NORA, y mucho menos actualmente, debido a que sus progenitores ya no están en pareja desde hace más de siete años, existiendo una orden de alejamiento en vigor por parte del progenitor respecto de la madre, esto indica que nunca habrá matrimonio, que es requisito fundamental para la concesión de la nacionalidad marroquina.

Cuestionamientos:

En el supuesto que se mantengan en la cancelación por un supuesto error inexistente, la menor quedaría apátrida hasta la mayoría de edad o hasta que pueda tramitar la nacionalidad por nacimiento en España, pero en el mismo carácter de apátrida que se encontraba cuando le fue concedida hace nueve años atrás y volvemos a inicio, al quedar apátrida el estado español está obligado a concederle la nacionalidad española en virtud del compromiso internacional adquirido mediante tratado que así lo dispone y del cual es signataria, y mediante la técnica jurídica que lo impone.

Si el órgano pertinente no se rectifica y confirma la resolución de cancelación de inscripción de la nacionalidad de la menor, la situación en que quedaría esta menor es grave y preocupante, dejando apátrida a una ciudadana que fue española durante diez años, que actualmente n Marzo los cumplió.

El fundamento al que se aferran no posee asidero alguno debido a que no existió el error alegado por parte de la fiscalía.

La seguridad jurídica de los ciudadanos ante situación como estas, donde la arbitrariedad de la administración y la grave lentitud o inexistencia de herramientas jurídicas de defensa, coloca en una total indefensión al administrado español.

Cinco meses después de ser interpuesto el recurso ante la Dirección General de Registros y del Notariado en Madrid, el día 17 de febrero la madre se presenta ante la oficina de policía Nacional que tramita la renovación de DNI para solicitar la renovación del documento de identidad de la menor y se encuentra que no pueden renovarle.

Ante la sorpresa pregunta porque y la funcionaria policial afirma que la niña no es española que es Marroquina, manifiesta que no le será renovado el DNI. La actitud impresentable y agresiva de la funcionaria provoco que la madre pidiera la asistencia letrada.

Debiendo asistir a la dependencia policial para solicitar una manifestación por escrito por parte de la autoridad policial, así poder contar con un documento para poder defender a esta niña teniendo en cuenta que queda totalmente indocumentada, la funcionaria manifiesta que no puede emitir nada sin orden de Madrid y que debía esperar hasta el otro día o cuando Madrid responda.

Al día siguiente llaman a la madre y le solicitan nuevamente la partida literal de nacimiento de la niña, la funcionaria al ver la partida se queda sorprendida pues no consta cancelación alguna ni variación de datos, de allí surge que se debería otorgar la renovación pues todo continuaba igual.

Desde el 17 de febrero la niña esta indocumentada pues no le renueva el DNI debido a una orden de retención del documento, tres semanas después ante la insistencia, se interpuso denuncia ante fiscalía de menores pidiendo que intervenga y ordene al órgano pertinente que resuelva la situación de documentación de la menor ya sea de forma provisoria o definitiva, pues debe atenderse al interés superior de esta menor y las medidas de la administración nunca deben ser restrictivas de sus derechos.

Tres semanas después la funcionaria policial llama a la madre comunicándole que podía presentarse a renovar el DNI de la menor, el documento que le fue otorgado es por cinco años más, el recurso sigue sin resolverse a Marzo de 2015.

Laura: madre de menores españoles, pero sin derecho a trabajar.

Laura llegó de Uruguay en 2004 con su esposo y su hijo mayor, y se instaló en la población catalana de Sabadell. La familia estaba dispuesta a emprender una nueva vida en España con ilusión e inmediatamente se integraron a la ciudad de Sabadell donde hasta hoy residen. Dos años después de su llegada nacieron Carla y, años después, Ainoa ambas de nacionalidad española.

En Sabadell también vivía el hermano menor de Laura y muy pronto se integraron sus padres al grupo familiar. Para ninguno de ellos la migración fue nunca un problema económico ni de integración.

Al pasar tres años desde su llegada a España, Laura comenzó a buscar información para obtener un permiso de residencia, puesto que su esposo vino con autorización de residencia y trabajo y sus hijas eran nacionales, pero a ella no le fue posible regularizarse, puesto que siempre le faltaba un requisito.

En 2007 le pasaron el dato de una posibilidad de regularizarse presentando los medios económicos de su esposo y una solicitud de residencia por arraigo social con exención de contrato.

Obtenida la autorización de residencia, Laura inicio su camino de regularidad pero sin posibilidad de trabajar. En los cinco años de residencia luchó por conseguir la autorización para trabajar, especialmente después de separarse ya que su situación económica se complicó.

Laura perdió muchas oportunidades de trabajo debido a que su tarjeta de residencia al reverso lleva escrito *"no autoriza trabajar"*.

En el año 2011 solicita ante las oficinas de extranjeros de Barcelona su renovación de autorización de residencia, acompañada de la documentación pertinente exigida por ley.[20] Dos meses después le fue denegada por considerar que *"no acredita disponer de recursos económicos o los medios de vida suficientes para atender sus gastos de manutención durante el periodo de tiempo por el que pretende renovar la residencia en España sin necesidad de desarrollar ninguna actividad laboral"*.

Ante la sorpresa e indignación fue recurrida la resolución mediante recurso de

---

Alzada, en el cual se exponen los hechos evidenciando el error y la reforma legal que favorecía a los progenitores de los menores.

Un mes después el trámite es resuelto en forma favorable, pero continúan denegando la autorización de trabajo.

Al tramitar la correspondiente tarjeta ante las autoridades policiales pertinentes, fue expedida una tarjeta de residencia en la cual por la parte posterior vuelve a señalar *"no autoriza a trabajar"*.

Ante este hecho se elevó consulta al Jefe de Servicio de la Oficina de Extranjeros, quien responde que *"obtuvo la autorización de residencia por arraigo con exención de contrato. Después pidió la autorización para trabajar y la obtuvo. Pero cuando solicitó la modificación la solicitó, no como trabajadora, sino con los medios económicos de su familiar. Por eso no puede trabajar. Para poder obtener la autorización, precisará solicitar nuevamente la modificación de su situación en España ante el órgano competente que en este caso es el Departament d'Empresa i Ocupació en Cataluña."*

Paralelamente a este hecho en ese año todos los progenitores de ciudadanos españoles menores, solicitaban su **arraigo familiar** y con solo acreditar el vínculo con la partida literal de nacimiento del menor, obtenían su autorización de residencia y trabajo.

En vez de aplicarle el beneficio de la nueva normativa que la podría autorizar a trabajar por ser progenitora de menores españoles, a Laura se le priva de un permiso de trabajo y sólo se le otorga la autorización de residencia. En su renovación no se consideraron las circunstancias del nuevo reglamento sino que se examinó su expediente a la luz de la regulación anterior.

Cuando la Administración indica que debe efectuarse la solicitud de trabajo en la Comunidad Autónoma de Cataluña se ahonda aún más en esa laguna legal o reglamentaria, ya que al evitar la Administración General otorgar la autorización de trabajo en su renovación, **impone una carga** a la extranjera de tener que solicitar nuevamente la autorización de trabajo sin tener en consideración alguna el hecho de ser progenitora de tres menores de edad, dos de ellos de nacionalidad española.

En relación a las menores españolas Carla y Ainoa existe un supuesto de discriminación[21] de conformidad con el artículo 14 de la Constitución Española, ya que al tener una madre extranjera, se las trata diferente que a otros menores españoles. Con la insistencia en que su tarjeta de residencia *"no autoriza a trabajar"* se le está impidiendo a Laura su acceso al mercado de trabajo y por ende, a tener medios económicos para velar por el bienestar de sus hijas.

No se le está dando a la madre la oportunidad de tener condiciones básicas para brindar una calidad de vida óptima a sus hijas menores de nacionalidad española, tal y como lo impone el artículo 39 de la Constitución Española.

La situación favorable en el reglamento de Extranjería RD557/2011 no se aplica por criterios de reparto y asunción de competencias entre la Administración General del Estado y la Generalitat de Cataluña, dejando en el medio a las personas interesadas en obtener un permiso de residencia y trabajo. De paso, se pone en riesgo de exclusión social a la familia porque se les priva de un derecho fundamental para el buen desarrollo de los menores: el derecho de sus padres al trabajo para proveerles de sus necesidades básicas.

Al encontrarse irregulares, los progenitores tampoco pueden acceder a los servicios sociales como beneficiarios para solicitar ayudas para sus hijos (aunque éstos tengan derecho por ser españoles).

Por otra parte, en los casos como los que estamos analizando, existe un supuesto de discriminación indirecta porque cuentan con un "motivo protegido" y establecido por el Tratado Europeo de Derechos Humanos (TEDH). El motivo bajo protección es el hecho de ser madres y/o padres de ciudadanos de la Unión, y la disposición y normas mencionadas previamente. Asimismo, en comparación con otros progenitores en situación similar, la diferencia y el trato discriminatorio es evidente.

La falta de aplicación del criterio de proporcionalidad y razonabilidad es evidente porque según el artículo 129 del real decreto 557/2001 *"la concesión de la autorización de residencia temporal por circunstancias excepcionales por razones de arraigo llevará aparejada una autorización de trabajo en España durante la vigencia de aquella."*

A Laura ni se le concedió el beneficio agregado con la nueva normativa del arraigo familiar ni se le aplicó la orden de este artículo: conceder renovación de su permiso

---

21   Una discriminación bajo estos términos podemos evidenciarla en TEDH, Weller contra Hungría (n.o 44399/05), 31 de marzo de 2009.

de residencia con una autorización de trabajo.

Al evidente trato discriminatorio contra Laura y sus hijos se suma el atropello al interés superior de los menores y, en especial, al respeto de la unidad familiar, que depende de otorgarle a la solicitante la posibilidad de trabajar.

En este caso se vulneraron el **principio de confianza legítima**, la seguridad jurídica y la buena fe; se violaron las disposiciones internacionales como la Convención sobre los Derechos del Niño; la Convención Europea de Derechos Humanos de la Unión, que custodia el respeto de la vida privada y familiar, y la Carta de Derechos Fundamentales de la Unión Europea (de aplicación obligatoria).

La reflexión final de Laura nos da una idea clara de su impotencia y su inconformidad con las disposiciones administrativas:

Mi permiso de residencia no tiene autorización de trabajo. La Administración no me concedió dicho permiso por los motivos que ellos hayan creído convenientes ya que si nos basamos en la nueva Ley de Extranjería toda la situación es contradictoria. Es una situación indignante ya que como persona tengo capacidades tanto físicas como psíquicas para poder desarrollar una actividad dentro del mercado laboral; pero no puedo obtener un trabajo y debo percibir una ayuda económica, de la que estoy agradecida. Considero que en lugar de estar generando un gasto al Estado, podría estar contribuyendo con los aportes correspondientes como cualquier empleado. Espero en algún momento pueda revertirse está situación y poder mejorar mi calidad de vida.

Sin embargo, si analizamos a la inversa y repasamos la legislación uruguaya, vemos que este país asegura a los inmigrantes a través de su Ley 18.250,[22] el acceso a servicios de salud, trabajo, seguridad social, vivienda y educación, en pie de igualdad con los uruguayos.

Esta Ley, como la mayoría de la legislación de extranjería de Latinoamérica, respeta el derecho a vivir en familia de sus nacionales vinculados con extranjeros, reconociendo como un derecho humano inalienable el de la **reunificación familiar**.

Sin olvidar los dos convenios que España y Uruguay firmaron hace décadas y que aún están en vigor y, según los cuales, ambos países se comprometen a respetar los derechos humanos. El firmado en 1870 es el llamado ***Tratado de Paz y Amistad***, en él se comprometen a que "...los ciudadanos de ambas partes podrán ejercer libremente

22   Ley 18.250 de Migración, en su artículo 33, tendrán la categoría de residentes permanentes los cónyuges, concubinos, padres y nietos de uruguayos, bastando para ello acreditar dicho vínculo ante las autoridades de la Dirección Nacional de Migración.

sus oficios y profesión..." y el de 1992 es el de **Cooperación y Amistad** en el que ambos *"...asumen el compromiso de defender y hacer respetar los Derechos Humanos en el marco del Estado de Derecho, que es garantía de la dignidad y seguridad de los ciudadanos."*

Específicamente en su artículo 14[23] ambas partes se comprometen a que la Administración Pública debe hacer todo lo posible para que los ciudadanos de cada uno de los estados firmantes posean autorización de trabajo y puedan ejercer sus oficios o profesiones sin restricción alguna. Según el principio de reciprocidad, respecto a estos dos tratados solo Uruguay cumple.

En referencia al Tratado de Paz y Amistad, en numerosas oportunidades la justicia ha dado a conocer –sin éxito- las peticiones de los uruguayos residentes en España para exigir su cumplimiento.

4.3. El niño extranjero extracomunitario con padres Españoles.

Caso Stephani.

Es una niña de 15 años, de nacionalidad Hondureña que llego a España junto a su padre, la pareja de su padre y su hermana menor, ya en España nacieron sus dos últimas hermanas y después de ocho años de vivir como residentes y trabajar debidamente, su padre obtuvo la nacionalidad española.

Sthepanie y su hermana segunda que entraron a España como turistas y se quedaron irregulares, durante ocho años a pesar de los intentos fallidos de regularizarlas sus padres.

Sus padres son titulares de un piso y poseen una hipoteca por treinta años, una vida laboral ininterrumpida, no obstante esta situación la ley de extranjería española no les da margen para legalizar a sus dos hijas.

Ya en el año 2015 su padre obtiene la nacionalidad española y solicita la residencia como familiar de ciudadano de la UE para ambas hijas a lo que sólo le conceden

23   Tratado de Cooperación y Amistad de 1992, artículo 14. Con sujeción a su legislación y de conformidad con el derecho internacional, cada Parte otorgara a los nacionales de la otra parte facilidades para la realización de actividades lucrativas, laborales o profesionales, por cuenta propia o ajena, en pie de igualdad con los nacionales del Estado de residencia o de trabajo necesarios para el ejercicio de dichas actividades. La expedición de los permisos de trabajo laborales y profesionales por cuenta ajena será gratuita. Las respectivas autoridades garantizan el efectivo goce de las facilidades mencionada, sujeto al criterio de reciprocidad.

residencia a la segunda.

Sthepanie continua irregular y es el único miembro de la familia que permanece irregular, su madre vive en Atlanta en situación irregular y no puede solicitar una autorización notarial para que su padre tramite su residencia en España.

Desde Atlanta su madre sólo puede gestionar un *poder especial de Guarda y custodia realizado ante el consulado de Honduras en Atlanta* el cual lo emite el cónsul, funcionario que ostenta, al mismo tiempo, la calidad de notario público de Honduras. La madre envía este documento a España, el cual autoriza a que su padre solicite la residencia de Sthepanie en España, este documento es el mismo documento con el que ingreso a España con su padre ocho años antes.

La administración de extranjería española no reconoce este documento como válido para conceder la residencia a Stephanie y solicita que sea presentado el mismo documento pero mediante notario público de Honduras o Atlanta, ya se explicó que la madre no puede gestionar este documento.

La solución a este conflicto es compleja pues hay dos caminos, uno esperar a que Sthepanie cumpla la mayoría de edad dentro de dos años, pues el camino de ir ante la justicia y pedir que autorice a la subdelegación a conceder la residencia es largo y la solución pierde el sentido pues llegaría con la mayoría de edad de Sthepanie, por ende estamos en la misma situación de indefensión y vulnerabilidad de la menor por falta de herramientas prácticas y acordes a la situación del ciudadano.

Cuando en realidad la subdelegación debiera resolver asimilando el documento a un poder notarial, del mismo surge la calidad de notario público por parte del cónsul que emite el documento, así evitar que la menor continúe irregular por tres años más, o cuatro años según como se desarrolle el proceso de solicitud de residencia cuando cumpla la mayoría de edad.

Ante la imposibilidad de negociar con la subdelegación fue ingresada denuncia ante la Defensor del Pueblo y Fiscalía de Menores en Barcelona.

Solicitando que el documento emitido desde el Consulado de Honduras en Atlanta, se reconozca el carácter de notarial.

Actualmente pasado ya un mes de ingresada la denuncia ante el fiscal de menores en Barcelona y tres de ingresada denuncia ante el Defensor del Pueblo y Cuatro de que fuera denegado el recurso ante la subdelegación del Gobierno en Barcelona, oficina de extranjeros, seguimos esperando que el Fiscal resuelva actuar y considere una violación a los derechos fundamentales de la menor ante la situación planteada.

La Fiscalia nos constesta verbalmente que no es su competencia interpretar documentos extranjeros, cuando lo que pedimos es que al no estar dicutiendose la tenencia o guarda de la menor que la justicia aplique el principio del interés superior de esta menor y sea reconocido suficiente el documento para agilizar su situación y sacarla de la oscura ilegalidad en que la mantienen.

El único canal para seguir buscando la legalidad de esta niña es el recurso contencioso administrativo ante la justicia española, esta vía posee una agenda tan cargada que hay audiencia para dentro de dos años, para entonces la menor ya será mayor de edad. Técnicamente está obligada a mantenerse ilegal hasta entonces, y puede ocurrir que cuando posea la mayoría de edad no reúna los medios económicos suficientes, debiendo mantenerse en la ilegalidad hasta conseguir la situación que la ley indica, la cual es 2 más 2 igual a cuatro, pero nunca 3 más 1 igual a cuatro.

La justicia que no es flexible, y no se adapta a las situaciones diversas que presentan cada uno de los casos, no es justicia y menos cuando no se establecen herramientas que permitan efectivizar los derechos de las personas de forma rápida y acorde a la situación solicitada.

En materia de inmigración deberían agilizarse las solicitudes de residencia, particularmente la de aquellos inmigrantes que como Stephanie llevan muchos años en el país, esto evitaría la explotación de trabajadores, trata de personas y el fomento del mercado de trabajo irregular.

LEGISLACIÓN CITADA

Convención Internacional Sobre los Derechos del Niño, sobre , de 1998.

Constitución Española, Ley de 27 de Diciembre de 1978.

Directiva 2003/86/CE, de 22 de septiembre sobre el derecho a la reagrupación familiar.

Instrucción DGI/SGRJ/10/2008, sobre autorizaciones de residencia temporal por circunstancias excepcionales, cuando se trata de extranjeros hijos de padre o madre que hubieran sido originariamente españoles.

Ley Orgánica 1/1996, de 15 de enero; de Protección Jurídica del Menor, de modificación parcial del Código Civil y de la Ley de Enjuiciamiento Civil

Ley Orgánica 4/2000 de 11 de enero, sobre derechos y libertades de los extranjeros en España.

Ley Orgánica 8/2000 de 22 de diciembre, sobre derechos y libertades de los extranjeros en España y su integración social.

Ley Orgánica 10/1995 de 23 de noviembre, sobre derechos y libertades de los extranjeros en España y su integración social.

Ley 13/1983 de 24 Octubre de que modifica el Titulo X del Libro I del Código Civil que trata "De la Tutela, de la Curatela y de la Guarda de los menores o incapacitados".

Ley 14/2013 de 8 de julio, por la que se modifica el Codigo Civil y la Ley de Enjuiciamiento Civil en materia de separación y divorcio.

Ley Nacional Argentina 26061 del año 2005 de protección integral de los derechos de las niñas, niños y adolescentes.

Real Decreto 557/2011 de 20 de abril, por el que se aprueba el Reglamento de la Ley Orgánica 4/2000, sobre derechos y libertades de los extranjeros en España y su integración social.

Real Decreto 240/2007, de 16 de febrero sobre entrada, libre circulación y residencia en España de ciudadanos de los Estados miembros de la Unión Europea y de otros Estados parte en el Acuerdo sobre el Espacio Económico Europeo.